Genossenschaftliche Zeit- und Streitfragen
begründet von
Ludolf Parisius und Dr. Hans Crüger,
fortgeführt von
Heft 6. Dr. Hans Crüger. Heft 6.

Die Untersuchung der Nahrungs- und Genußmittel.

Nach Vorträgen auf den Unterverbandstagen bearbeitet

zum Gebrauche für Consum-Vereine

von

Nahrungsmittelchemiker Dr. Willy Meyer,
öffentlich angestellter Handelschemiker der Handelskammer für die preußische Oberlausitz
zu Görlitz.

Berlin 1902.
J. Guttentag, Verlagsbuchhandlung,
G. m. b. H.

Die Nahrungs- und Genußmittel sind die Bestandtheile der menschlichen Nahrung; jedes derselben besteht wieder aus einer größeren Anzahl bestimmt charakterisirter Körper, welche wir als Nährstoffe bezeichnen. Außerdem finden wir in den Nahrungs- und namentlich den Genußmitteln gewisse Reizstoffe, welche wohl nicht direkt zur Ernährung nothwendig sind, aber eine angenehme Empfindung durch den Reiz, welchen sie auf die Nerven ausüben, in uns bewirken und namentlich die Verdauungsfähigkeit und damit auch die Thätigkeit der anderen Organe günstig beeinflussen.

Die Nährstoffe in sämmtlichen Nahrungs- und Genußmitteln können nun zu folgenden Gruppen gehörig betrachtet werden:

1. Das Wasser. Dasselbe ist als eines der wichtigsten Nährstoffe zu betrachten, da der menschliche Körper ca. 70–80 Theile hiervon enthält; in den Nahrungsmitteln ist es je nach der Art derselben in größerer oder geringerer Menge vorhanden. Ein Uebermaß hiervon wird in den Nahrungsmitteln nicht gewünscht, da bei einem zu hohen Wassergehalt das Verderben derselben befördert wird.

Die Bestimmung des Wassers wird in der Weise ausgeführt, daß eine abgewogene Menge der zu untersuchenden Substanz bis zur Gewichtskonstanz in einem auf 100° erhitzten Trockenschranke erhitzt wird. Der hierbei eintretende Gewichtsverlust ergiebt die Menge des ursprünglich vorhanden gewesenen Wassers. In fast allen Nahrungsmitteln kann auf diese Weise das Wasser bestimmt werden; nur in solchen, welche bei dieser Temperatur flüchtige oder zersetzbare Substanzen enthalten, muß dasselbe auf andere Weise bestimmt werden. Beispiele hiervon werden wir später bei den einzelnen Nahrungs- und Genußmitteln s. z. B. beim Alkohol finden.

2. Unorganische Stoffe oder Mineralstoffe. Diese spielen eine große Rolle beim Aufbau des ganzen Knochengerüstes und in den verschiedenen Flüssigkeiten des menschlichen Körpers, so namentlich des Blutes.

Es handelt sich natürlich nur um gewisse aufnehmbare Salze und nicht um absichtlich den Nahrungsmitteln zugesetzte Stoffe, wie Kreide, Sand, Schwerspat u. andere, welche eben keinen Nutzen, sondern nur nachtheilige Folgen für den Organismus sowohl wie für den Geldbeutel des Käufers bewirken.

Die Bestimmung der Mineralstoffe geschieht in der Weise, daß eine abgewogene Menge des zu untersuchenden Körpers verascht, d. h. die brennbare organische Substanz zerstört wird. Es bleibt dann der unverbrennliche Theil als Asche zurück.

Bei allen gebräuchlichen Nahrungsmitteln hat man durch zahlreiche Untersuchungen den ungefähren Gehalt sowohl wie die Grenzzahlen ermittelt und kann auf diese Weise einen absichtlichen Zusatz solcher Mineralstoffe leicht nachweisen. Eine andere Methode, welche geeignet ist, auf leichte Weise den Zusatz dieser Beschwerungsmittel nachzuweisen, werden wir weiter unten bei Besprechung gewisser Nahrungsmittel vorfinden.

3. Die Eiweißstoffe. Sie spielen eine sehr wichtige Rolle in dem Organismus, indem sämmtliche Gewebe und Organe, wie Muskeln, Lunge u. s. w. vorwiegend aus ihnen bestehen. Je nach ihren besonderen Eigenschaften werden dieselben als Albumin, Fibrin, Caseïn, Kleber u. s. w. bezeichnet. Die Trennung derselben ist eine ziemlich schwierige. Gewöhnlich begnügt man sich, die Summe derselben in den Nahrungsmitteln festzustellen und benutzt hierzu die Bestimmung des Stickstoffes, welches Element in ihnen allen in einem verhältnißmäßig geringen Schwankungen unterworfenen prozentischen Gehalte vorgefunden wird.

Jeder Mensch braucht eine bestimmte Menge, ca. 150 g, von diesen Eiweißstoffen, um in seinem Kräftezustand zu bleiben.

Die einzelnen Nahrungsmittel enthalten sehr verschiedene Mengen von diesen Stoffen und kann man ungefähr folgende Schwankungen beobachten:

Die Leguminosen (Erbsen, Bohnen, Linsen)	enthalten	ca.	25 %	Eiweißstoff,
Fleisch	enthält	„	20 „	„
Käse	„	„	30 „	„
die Mehlarten	„	„	11 „	„
Milch	„	„	4 „	„
Brod	„	„	8 „	„
Gemüse und Wurzelgewächse	„	„	3 „	„

4. Das Fett. Dasselbe ist in den verschiedenen Nahrungsmitteln in sehr wechselnder Menge vorhanden; so finden wir in

magerem	Fleisch	ca.	3	% Fett,
durchwachsenem	„	„	10	„ „
Eiern		„	12	„ „
Milch		„	3½	„ „
Magerkäse		„	10	„ „
Fettkäse		„	30	„ „
Butter		„	85	„ „
Nüsse		„	60	„ „
Mandeln		„	50	„ „

Wir finden das Fett der Nahrungsmittel durch Behandeln derselben mit Aether, welcher die Fette leicht in Lösung bringt. Nach dem Abdestilliren des leicht flüchtigen Aethers bleibt dann das gelöste Fett in reiner Form zurück.

Das Fett der Nahrungsmittel wird zum Theil in den verschiedenen Geweben des menschlichen Körpers abgelagert, zum Theil aber auch durch Verbrennung in den Lungen als Wärmequelle für den Organismus verwendet.

5. Die stickstofffreien Extraktstoffe oder Kohlehydrate. Zu diesen gehören namentlich Zucker, Stärkemehl, Dextrin, Gummi, Alkohol und

andere Stoffe. Eine einheitliche Bestimmung derselben ist nicht möglich, vielmehr muß jeder dieser Stoffe auf besondere Art ermittelt und bestimmt werden.

Der menschliche Organismus verbraucht von diesen Stoffen, die vorwiegend als Wärmequellen dienen, täglich etwa 500 g.

In den Nahrungsmitteln kommen dieselben in sehr wechselnder Menge vor, so daß wir z. B. im Fleisch diese Stoffe überhaupt nicht vorfinden, während z. B. der Zucker überhaupt keine anderen Stoffe enthält und als reines Kohlehydrat bezeichnet wird.

Die bisher erwähnten Stoffe werden wie vorher erwähnt als Nährstoffe bezeichnet; trotzdem sind manche derselben auch als Reizstoffe zu betrachten, da sie einen wohlthätigen Einfluß auf die Verdauungssäfte ausüben, so z. B. das Kochsalz und der Zucker.

Außer ihnen nehmen wir in der Nahrung aber auch noch andere Reizstoffe auf, welche einen irgendwie in Betracht zu ziehenden Nährwerth nicht besitzen. Hierher gehören z. B. die ätherischen Oele, welche wir in den Gewürzen vorfinden, einige Säuren, welche namentlich den Früchten den angenehmen Geschmack verleihen, und gewisse Alkaloide, welche dem Thee, Kaffee, Cacao und Bier den eigenen auf die Nerven wirkenden Reiz geben. Auch für diese Reizstoffe giebt es keine einheitliche Untersuchungsmethode, sondern man muß für die Bestimmung jedes derselben die ihm eigenthümliche Methode einschlagen.

Aus dem vorstehenden ist ersichtlich, daß die Untersuchung der Nahrungs- und Genußmittel nicht so einfach ist, als man sich gewöhnlich denkt und dabei sind hier nur die normalen Bestandtheile berücksichtigt, während man bei der Untersuchung derselben doch auch noch den Umstand berücksichtigen muß, daß man von den Nahrungsmitteln außerdem noch verlangen muß, daß dieselben keine der Gesundheit schädlichen Stoffe (namentlich Metalle) enthalten dürfen.

Die vollständige chemische Untersuchung von Nahrungs- und Genußmitteln wird jedoch nur im wissenschaftlichen Interesse vorgenommen oder im Interesse von Fabrikanten, welche neue Artikel in den Verkehr bringen wollen; für die Praxis der Consumvereine werden solche vollständigen Untersuchungen wohl nur in den seltensten Fällen in Betracht kommen. Hier wird wohl immer die hauptsächlichste Frage sein: Ist die Waare von einer solchen Beschaffenheit, wie sie das Nahrungsmittelgesetz vorschreibt? oder man wird einen Vergleich mehrerer Produkte vornehmen wollen, um zu entscheiden, welches Produkt das werthvollere, d. h. dem Preise angemessenere ist.

Was zunächst den zweiten Punkt anbetrifft, so wird die Untersuchung sich allein auf die den hauptsächlichsten Werth des Nahrungsmittels darstellenden Bestandtheile zu erstrecken haben und werden wir diese in der Folge bei Besprechung der einzelnen Waaren näher kennen lernen, da ein allgemeiner Maßstab für den Werth sämmtlicher oder auch nur der meisten Nahrungsmittel nicht aufgestellt werden kann.

Diese Art der Untersuchungen, um also sich über den Werth oder den Gehalt der Waare zu vergewissern, werden nach meinen Erfahrungen viel häufiger begehrt als die Untersuchungen, welche darüber entscheiden sollen, ob ein Nahrungsmittel dem Gesetz entsprechend hergestellt ist, trotzdem diese letztere die bedeutend wichtigere ist, indem das Gesetz ziemlich schwere Strafen selbst bei Vergehen gegen dasselbe aus Fahrlässigkeit vorschreibt.

Ich will hier nicht das ganze Gesetz anführen, sondern nur kurz diejenigen Paragraphen angeben, welche sich speziell für die Consumvereine als wichtig ergeben.

Aus dem Gesetz betreffend den Vekehr mit Nahrungsmitteln, Genußmitteln und Gebrauchsgegenständen vom 14. Mai 1879 kommt in Betracht:

§ 10. Mit Gefängniß bis zu sechs Monaten und mit Geldstrafe bis zu 1500 Mark oder mit einer dieser Strafen wird bestraft:

1. wer zum Zwecke der Täuschung im Handel und Verkehr Nahrungs- oder Genußmittel nachmacht oder verfälscht;
2. wer wissentlich Nahrungs- oder Genußmittel, welche verdorben oder nachgemacht oder verfälscht sind, unter Verschweigung dieses Umstandes verkauft oder unter einer zur Täuschung geeigneten Bezeichnung feilhält.

§ 11. Ist die im § 10 Nr. 2 bezeichnete Handlung aus Fahrlässigkeit begangen worden, so tritt Geldstrafe bis zu 150 Mark oder Haft ein.

§ 12. Mit Gefängniß, neben welchem auf Verlust der bürgerlichen Ehrenrechte erkannt werden kann, wird bestraft:

1. wer vorsätzlich Gegenstände, welche bestimmt sind, Anderen als Nahrungs- oder Genußmittel zu dienen, derart herstellt, daß der Genuß derselben die menschliche Gesundheit zu beschädigen geeignet ist, ingleichen, wer wissentlich Gegenstände, deren Genuß die menschliche Gesundheit zu beschädigen geignet ist, als Nahrungs- oder Genußmittel verkauft, feilhält oder sonst in Verkehr bringt;
2. wer vorsätzlich Bekleidungsgegenstände, Spielwaren, Tapeten, Eß-, Trink- odar Kochgeschirr oder Petroleum derart herstellt, daß der bestimmungsgemäße oder vorauszusehende Gebrauch dieser Gegenstände die menschliche Gesundheit zu schädigen geeignet ist, ingleichen, wer wissentlich solche Gegenstände verkauft, feilhält oder sonst in Verkehr bringt.

Der Versuch ist strafbar.

Ist durch die Handlung eine schwere Körperverletzung oder der Tod eines Menschen verursacht worden, so tritt Zuchthausstrafe bis zu fünf Jahren ein.

§ 14. Ist eine der in den §§ 12, 13 bezeichneten Handlungen aus Fahrlässigkeit begangen worden, so ist auf Geldstrafe bis zu 1000 Mark oder Gefängnißstrafe bis zu sechs Monaten und, wenn durch die Handlung ein Schaden an der Gesundheit eines Menschen verursacht worden ist, auf Gefängnißstrafe bis zu einem Jahre, wenn aber der Tod eines Menschen verursacht worden ist, auf Gefängnißstrafe von einem Monat bis zu drei Jahren zu erkennen.

Aus den Ergänzungen des Nahrungsmittelgesetzes will ich nur das nothwendigste, das für die Consumvereine in Betracht kommt, berücksichtigen.

Im Gesetz betreffend den Verkehr mit blei- und zinkhaltigen Gegenständen vom 25. Juni 1887 ist der Verkauf und das Feilhalten von Eß-, Trink- und Kochgeschirr, das an der Innenseite mehr als 1 % Blei enthält, sowie die Verwendung solchen Geschirrs zur Fabrikation von Getränken und Fruchtsäften verboten; ebenso der Verkauf von Emaille-Geschirr, das bei ½ stündigem Kochen mit 4%iger Essigsäure Blei abgiebt.

Nach dem Gesetz betr. die Verwendung gesundheitsschädlicher Farben bei der Herstellung von Nahrungsmitteln, Genußmitteln und Gebrauchsgegenständen vom 5. Juli 1887 ist eine ganze Anzahl von Farben zur Herstellung von Nahrungsmitteln nicht statthaft, ebenso dürfen viele Farben nicht zur Herstellung des mit den Nahrungsmitteln in Berührung kommenden Packmaterials verwendet werden; auch ist hierin die Anwendung bestimmter Farben für Kinderspielzeug (Bilderbücher und Tuschkasten und ähnliches) verboten. Auch hier ist der Verkauf der den Vorschriften nicht entsprechend hergestellter Waaren strafbar.

Die Gesetze betr. den Verkehr mit Butter, Käse, Schmalz und deren Ersatzmitteln,
betr. den Verkehr mit künstlichen Süßstoffen,
betr. den Verkehr mit Wein, weinhaltigen und weinähnlichen Getränken

will ich nur hier erwähnen, ohne auf dieselben einzugehen, da dieselben in der neuesten Zeit entstanden und allgemein bekannt sein dürften. Besonders bemerkenswerth ist hierbei der Umstand, daß in den vorher erwähnten Ergänzungen des Nahrungsmittelgesetzes bedeutende Verschärfungen liegen; so z. B. wird kein Unterschied darin gemacht, ob das Versehen gegen das Gesetz absichtlich oder fahrlässig begangen wurde. Es genügt einfach, daß eine Waare, die verbotswidrig hergestellt ist, verkauft wird, um den Verkäufer zu bestrafen und zwar tritt hier eine Strafe in jedem Falle ein, sei es auch nur, daß die verbotswidrig hergestellten Waaren eingezogen werden. Gerade die Einziehung der Waaren wird in diesen Fällen ausdrücklich vom Gesetz verlangt, selbst wenn die Verfolgung oder Verurteilung einer bestimmten Person nicht ausführbar ist.

In dem eigentlichen Nahrungsmittelgesetz vom Mai 1879 wird, wie wir aus den §§ 11 und 14 ersehen, eine Handlung aus Fahrlässigkeit begangen bedeutend milder bestraft als wenn diese Handlung wissentlich oder vorsätzlich geschehen wäre.

Daß die §§ 12 und 13 bedeutend schärfer lauten als der § 10, ist wohl selbstverständlich, da es in ersteren Handlungen betrifft, welche geeignet sind, die Gesundheit zu schädigen oder gar zu zerstören, während im letzteren es sich nur um Anfertigung oder Vertrieb von verdorbenen, nachgemachten oder verfälschten Waaren handelt, welche unter Verschweigung dieses Umstandes verkauft werden.

Gewöhnlich pflegt man nun anzunehmen, daß ein verdorbenes Nahrungsmittel doch eigentlich auch die Schädigung der Gesundheit nach sich ziehen müßte; das ist aber nicht der Fall, denn nach der Entscheidung des Reichsgerichts hat man den gesetzlichen Begriff des Verdorbenseins dahin aufzufassen, daß die als Nahrungsmittel verkaufte Waare in ihrer Tauglichkeit als solches im Vergleiche mit der normalen Beschaffenheit erheblich herabgesetzt wird. Es wird also keineswegs eine völlige Unbrauchbarkeit oder Untauglichkeit des betreffenden Nahrungsmittels, sondern nur die Abweichung desselben vom Normalen erfordert. Bezüglich der Festsetzung des Normalen kommt es nur darauf an, welche Erwartungen der Käufer hinsichtlich der Beschaffenheit der Waare hegen konnte. So z. B. wurde vor Kurzem hier in Görlitz ein Fleischer bestraft, weil er Cervelatwurst verkauft hatte, die nach einiger Zeit einen übelen Geruch annahm. In der Urtheilsverkündigung wurde ausdrücklich hervorgehoben, daß das Publikum gerechten Grund hatte zu erwarten, daß eine Dauerwaare zum mindesten einige Wochen haltbar sein müßte, um auf diese Bezeichnung Anspruch erheben zu können.

Obige Ausführungen dürften wohl zur Genüge darthun, wie wichtig und unentbehrlich die chemische Untersuchung der Nahrungs- und Genußmittel auch für die Praxis der Consumvereine sich gestaltet, wenn man sich vor Schaden und Aerger und die Mitglieder vor Schädigungen bewahren will.

Ich wende mich jetzt zu der oben angedeuteten Besprechung der einzelnen Nahrungs- und Genußmittel und werde hierbei nur diejenigen Untersuchungen oder besser Vorprüfungen näher beschreiben, welche auch von Laien ausgeführt werden können und nur diejenigen Bestandtheile der Waaren näher erwähnen, welche entweder für den Werth der Waaren oder bei der Ermittelung deren Verfälschungen in Betracht gezogen werden müssen. Ich will hierbei die einzelnen Waaren in derselben Reihenfolge behandeln, wie sie in „Dr. König, Die menschlichen Nahrungs- und Genußmittel" eingehalten wird.

1. Fleisch und Fleischwaaren.

Die Untersuchung von frischem Fleisch kommt im allgemeinen sehr selten vor und speziell für die Consumvereine wird dieselbe wohl nie in Betracht kommen; es wird sich wohl immer nur um eine Untersuchung der Dauerwaaren, d. h. der Fleischconserven handeln. Hierher gehören alle Fleischwaaren, welche durch Einsalzen, Räuchern, Aufbewahrung unter Luftabschluß nach dem Kochen oder durch Austrocknen haltbar gemacht sind, sowie die Fleischextracte, Fleischpeptone und im weiteren Sinne auch die aus letzteren hergestellten Suppentafeln.

Die Untersuchung wird sich hierbei erstrecken können auf:

Ermittelung der sich bei der Zersetzung des Fleisches bildenden Fäulnißalkaloide, sowie etwaiger fremder Zusätze zur Beschwerung der Conserven, ferner von Conservirungsmitteln und Farbstoffen, die zugesetzt werden, um verblaßte Farben aufzufrischen.

Die Ermittelung der Fäulnißalkaloide ist eine ziemlich umständliche und wird wohl auch nur selten zur Anwendung gelangen, da meistens die Fleischwaaren sich dann auch schon durch ein verändertes Aussehen sowie anderen Geruch bemerkbar machen und man in zweifelhaften Fällen lieber von einem Verkauf derselben Abstand nehmen wird.

Fremde Zusätze werden wohl nur bei der Untersuchung von Fleischextrakten und Wurstwaaren zu beachten sein. Bei Fleischextrakten wird es sich im wesentlichen um die Bestimmung eines ungewöhnlich hohen Kochsalzgehaltes und um den Nachweis von unlöslichen Bestandtheilen handeln, die entweder durch mangelhafte Fabrikation oder absichtlich zur Beschwerung der Masse in dem Extrakt gelassen sind. Der Nachweis der letzteren geschieht durch Lösen einer Probe des Extrakts in warmem Wasser; sobald hierbei keine klare Lösung erhalten wird, kann man die trübe Flüssigkeit einige Zeit der Ruhe überlassen und beobachten, ob der sich zu Boden setzende Rückstand erheblich ist oder nicht. Die Lösung kann man dann durch geeigneten Wasserzusatz verdünnen und durch den Geschmack auf den Salzgehalt prüfen. Bei Vergleich von mehreren Proben, von denen man z. B. je einen kleinen Löffel voll verwendet bei derselben Menge Flüssigkeit, kann man ganz gut durch den Geschmack feststellen, welche der in Betracht kommenden Proben ungewöhnlich gesalzen ist.

Bei Wurstwaaren pflegen die fremden Zusätze gewöhnlich zu bestehen aus Mehlfabrikaten: wie Kartoffelmehl, Semmel, Getreidemehle und auch aus Dextrinen. Bei Dauerwaaren ist ein solcher Zusatz unstatthaft; bei anderen Würsten entscheidet die ortsübliche Gewohnheit und findet man an vielen Orten, daß in sogenannten Blut- und Leberwürsten Semmeln und andere Mehlpräparate regelmäßig vorhanden sind.

Der Nachweis der Dextrine ist etwas umständlich und kann nur von einem Fachmann ausgeführt werden; die qualitative Bestimmung der Mehlwaaren kann in folgender Weise auch von jedem Laien ausgeführt werden: Etwa 5 g Wurst wird in kleine Stückchen zerschnitten, mit Wasser zu einem Brei verrührt und nach Zusatz von noch etwas mehr Wasser aufgekocht. Alsdann läßt man die ganze Masse erkalten und giebt eine kleine Menge einer Auflösung von Jod in Jodkalium hinzu, so daß die ganze Masse schwach gelb gefärbt wird. Sobald nun Stärkemehl, welches eben in allen vorher erwähnten Mehlfabrikaten der wichtigste Bestandtheil ist, in der Wurst vorhanden ist, wird man eine starke Blaufärbung der Masse beobachten. Man muß nur berücksichtigen, daß in den Gewürzen auch etwas Stärkemehl vorhanden ist und daß man bei stark gewürzter Waare ab und zu eine bläulich grüne Färbung durch Jodlösung beobachten kann; also nur bei deutlicher Blaufärbung allein kann man auf einen Zusatz von Stärkemehl schließen. Die quantitative Ermittelung kann, wenn sie gewünscht wird, ebenfalls nur von einem Chemiker ausgeführt werden.

Von den K o n s e r v i r u n g s m i t t e l n pflegen manchmal folgende verwendet zu werden:

Schwefligsaure Salze, Borax und Borsäure. Der Nachweis derselben ist verhältnißmäßig einfach; da aber bei Borsäure-Prüfung Veraschung einer größeren Menge der zu untersuchenden Waare, bei Prüfung auf schwefligsaure Salze eine Destillation der in Wasser vertheilten und angesäuerten Wurstprobe nothwendig ist, kann diese Untersuchung auch nur von einem Chemiker ausgeführt werden.

F r e m d e F a r b s t o f f e werden den Wurstwaaren zugesetzt, um etwa mißfarbigem Fleische ein besseres Aussehen zu verleihen; es werden hierzu in der Regel entweder Theerfarbstoffe oder Carmin verwendet.

Der Nachweis der Theerfarbstoffe wird in folgender Weise ausgeführt: Eine Probe der gut zerkleinerten Wurst wird mit einer geringen Menge Alkohol verrührt, wobei man zweckmäßig eine schwache Erwärmung eintreten läßt, indem man die Schale mit dem zu untersuchenden Material in warmes von ca. 50—60° Wasser stellt; die Anwendung einer größeren Hitze ist nicht gut, da sonst der Alkohol sich zu schnell verflüchtigt. Bei stark gefärbter Waare wird dann eine Rothfärbung des Alkohols beobachtet; bei geringerem Gehalt an Theerfarbstoff kann man wegen der rothen Farbe des Fleisches die Rothfärbung des Alkohols nicht beobachten. Man nimmt alsdann einen weißen Wollfaden, legt ihn in die Porzellanschaale, in der sich der Alkohol befindet, giebt eine kleine Menge einer Lösung von schwefelsaurem Kali hinzu und erhitzt das ganze zum Sieden. Der Wollfaden nimmt bei auch nur schwachem Gehalt an Theerfarbstoff eine Rothfärbung an, die auch bei starkem Waschen des Fadens im Wasser nicht verschwindet.

Ein etwaiger Zusatz von Carmin kann ebenfalls leicht nachgewiesen werden. Man extrahirt in derselben Weise, wie oben bei den Theerfarbstoffen beschrieben, eine Wurstprobe mit Alkohol oder auch mit etwas angesäuertem verdünnten Glycerin und gießt die Lösung von dem Rückstande ab. Sobald sich diese Lösung auf Zusatz von Ammoniak karmoisinrot färbt, kann man sicher annehmen, daß eine Färbung der Wurst mit Karmin stattgefunden hat.

Schließlich möchte ich noch erwähnen, daß bei Fleischkonserven, die in Büchsen in den Handel gelangen, vielfach noch geprüft werden muß, ob nicht etwa metallische Verunreinigungen in das Fleisch gelangt sind, welche auf mangelhafte Beschaffenheit der Innenwand der Conservenbüchsen (namentlich zu viel Bleigehalt) oder durch unachtsames Löthen durch die zum Löthen verwendete Zinn- und Bleilegirung zurückzuführen sind.

2. Milch und Molkereiprodukte.

Außer Vollmilch, Magermilch, Buttermilch und Sahne, welche die meisten Consum-Vereine wenig interessiren (wenigstens in so weit als diese Produkte dort nicht gehandelt werden), sind hier kondensirte Milch, Butter und Käse zu betrachten.

Im Anschluß an dieselben will ich in diesem Abschnitt auch gleichzeitig die Margarine sowie die Speisefette zur Besprechung heranziehen, weil dieselben sich hier am ungezwungensten anreihen lassen.

Die Molkereiprodukte sind alle von ähnlicher chemischer Zusammensetzung, wir finden in ihnen allen dieselben Nährstoffe — nur in verschiedenen Mengen und zum Theil auch in etwas anderer Löslichkeit, welche durch die Fabrikation bedingt ist. Die Zusammensetzung geht am besten durch folgende Tabelle anschaulich zu machen:

	Vollmilch %	Magermilch %	Buttermilch %	Sahne %	Butter %	Magerkäse %	Fettkäse %	kondens. Milch mit Zusatz v. 35% Rohrzucker %
Wasser . . .	88,00	89,90	89,50	80—52	12,80	42,68	38,45	22,5
Fett	3,25	0,20	0,60	12—40	82,0	12,20	28,68	12,0
Käsestoff . .	3,50	3,70	3,70	3,50	1,20	35,18	24,82	14,0
Eiweiß . . .	0,50	0,60	0,60					
Milchzucker .	4,50	4,80	4,80	3,80		6,00	2,65	14,0
Mineralstoffe .	0,75	0,80	0,80	0,60	3,00*)	4,50	4,60	2,5

*) mit Salzzusatz.

Der werthvollste und theuerste Bestandtheil der Molkereiprodukte ist das Fett und hängt der Preis derselben zum größten Theil von dem Gehalt an Fett ab. Die Bestimmung des Fettgehaltes ist daher die wichtigste Untersuchung bei den Molkereiprodukten. Die Bestimmung des Fettgehaltes wird gewöhnlich in der Weise ausgeführt, daß eine abgewogene Probe der zu untersuchenden Substanz bei 100 getrocknet und dann mit Aether extrahiert wird. Nach dem Abdestilliren des Aethers bleibt das reine Fett zurück und kann gewogen werden. Wegen der Feuergefährlichkeit und der ziemlich komplizirten Extraktionsapparate kann auch diese Bestimmung nur von einem Chemiker ausgeführt werden.

Ich will hierbei gleich bemerken, daß sämmtliche Untersuchungsmethoden zur Untersuchung von Fetten und Käsen einheitlich für das ganze Deutsche Reich durch den Bundesrath vom 22. März 1898 festgesetzt sind. Diese Anweisung ist sehr ausführlich und umfangreich, so daß ich dieselbe hier nicht anführen kann, namentlich da die gesammten Untersuchungsmethoden nur Interesse für den Chemiker haben.

Die Verfälschungen, welche bei den verschiedenen Milcharten gebräuchlich sind, brauche ich hier aus dem oben angedeuteten Grunde nicht näher auszuführen, ebenso auch nicht den Nachweis der angewendeten Konservirungsmittel zu beleuchten, da über diesen ebenfalls das bei den Fleischwaaren erwähnte auch hier zutrifft.

Bei der kondensirten Milch wird man auf den Nachweis von Konservirungsmitteln ebenfalls wenig Rücksicht zu nehmen brauchen, da der starke Zusatz von Rohrzucker allein genügend konservirend wirken muß. Da die kondensirte Milch in Blechgefäßen aufbewahrt wird, muß man gleichfalls beobachten, ob eventuell Blei durch mangelhafte innere Beschaffenheit der Blechbüchsen oder durch Fehler beim Löthen der Blechbüchsen in die Flüssigkeit übergetreten ist. Von Verfälschungen kondensirter Milch ist nichts bekannt geworden, es sei denn, daß die minderwerthige kondensirte Magermilch ganz oder zum Theil an Stelle der kondensirten Vollmilch geliefert wurde. Hierüber giebt, wie gesagt, eine Fettbestimmung genügenden Aufschluß.

Bezüglich der Butter möchte ich dem in der obigen Tabelle zu ersehenden über die Zusammensetzung derselben nichts hinzufügen, sondern gleich die Verfälschungen und Beurtheilungen der Butter näher besprechen.

Zunächst möchte ich einiges über die Beurtheilung der Butter anführen. Durch die chemische Untermischung sind wir nur im Stande den Säuregrad der Butter festzustellen; es hat sich gezeigt, daß gute Tischbutter nie über 5° Säure enthält; eine Butter, welche mehr als 5° Säure enthält kann aber sehr gut noch zum Backen und Kochen verwendet werden. Sobald die Butter 8° Säure überschritten hat, kann man wohl auch nicht behaupten, daß dieselbe schädlich wirkt, aber für die große Mehrzahl der Menschen hat sie dann einen unangenehmen Geruch und Geschmack und kann aus diesem Grunde nur als minderwerthige Waare an Kunden verkauft werden, die sich an den Geruch und Geschmack nicht stoßen, nicht aber mehr als gute Faßbutter. Aber selbst wenn eine Butter weniger als 8°, ja weniger als 5° Säure aufweist, kann diese trotzdem beanstandet werden, wenn sie talgig, bitter oder ranzig schmeckt oder wenn sie durch irgend welche Umstände ein ekelerregendes Aussehen angenommen hat, oder mit einem ekelerregenden Geruch oder Geschmack behaftet ist. Es kommt bei der Beurtheilung der Butter mehr der Geschmack und die ganze äußere Beschaffenheit als die chemische Untersuchung zur Geltung.

Ueber die Verfälschung der Butter mit Margarine wird viel gesprochen, aber über solche wirklich beobachteten Verfälschungen ist noch ziemlich selten berichtet worden. Gewöhnlich pflegt aber das Publikum, wenn eine Butter ranzig schmeckt, zum Chemiker zu gehen und die Untersuchung auf Margarine zu beantragen, weil es sich nur so den schlechten Geschmack erklären will — und dabei beobachten wir doch ranzige Margarine nur ausnahmsweise. — Von mir selbst ist schon mehrfach beobachtet worden, daß reine Margarine als Butter verkauft worden ist, aber eine Mischung von Butter mit Margarine ist von mir höchst selten bemerkt worden, wohl aber habe ich vielfach gefunden, daß andere Fette, wie Rinderfett zum Beispiel, mit zur Fabrikation der Verkaufsbutter herangezogen worden ist. Außerdem findet man oft, daß alte Butter in eine Hülle von frischer Butter eingeknetet ist, so daß man erst beim Durchschneiden der Butter auf diese Manipulation aufmerksam gemacht wird.

Die Untersuchung der Butter auf fremde Bestandtheile geschieht in der Weise, daß man die zu untersuchende Probe in ein Glasgefäß hineingiebt und in einen auf ca. 50° erwärmten Trockenschrank oder in eine Ofenröhre oder in einen Bratofen setzt und langsam abschmelzen läßt; es setzen sich dabei alle Bestandtheile außer dem Fett zu Boden. Gewöhnlich werden in dem Bodensatz nur der Käsestoff und die Salze zu finden sein, sobald aber andere fremde Stoffe (d. h. Nichtfette) zugesetzt sind, so wandern diese ebenfalls in den Bodensatz und können in diesem gefunden und bestimmt werden. Wenn man während des Abschmelzens beobachtet, daß das Fett nicht klar wird, sondern trübe und undurchsichtig bleibt, so kann man als sicher annehmen, daß fremde Fette in der Butter enthalten sind oder daß alte Butter, die ebenfalls als eine Fälschung gelten kann, mit eingeknetet war. Zur Prüfung fremder Fette im Butterfett giebt die Anweisung zur chemischen Untersuchung von Fetten und Oelen, erlassen vom Bundesrath, folgende Vorschrift:

„Handelt es sich um die Untersuchung einer Butter auf fremde Fette, so ist zunächst die Prüfung auf Sesamöl, die refractometrische Prüfung und demnächst die Bestimmung der flüchtigen Fettsäuren auszuführen. Je nach dem Ausfalle dieser Bestimmungen kann die Anwendung anderer Prüfungsverfahren nothwendig werden; die Wahl der Verfahren hat der Chemiker von Fall zu Fall unter Berücksichtigung der näheren Umstände vorzunehmen."

Es ist also der allgemeine Gang dem Chemiker vorgeschrieben, es werden zuerst die leichter auszuführenden Vorprüfungen verlangt und dann erst, wenn diese einen Anhalt zur Beanstandung liefern, kann eine weitere Prüfung vorgenommen werden. Von diesen Vorprüfungen werden wir die Prüfung auf Sesamöl bei der Besprechung der Margarine näher kennen lernen, da dieses eine Untersuchung ist, die auch der Laie ausführen kann.

Ueber die Untersuchung der Butter auf Konservirungsmittel gilt dasselbe, was ich vorher allgemein für die Molkereiprodukte gesagt habe.

Die Gegenwart fremder Farbstoffe in der Butter erkennt man durch Schütteln des geschmolzenen Butterfettes mit absolutem Alkohol oder mit Petroläther vom spezifischen Gewicht 0,638. Nicht künstlich gefärbtes Butterfett ertheilt diesen Lösungsmitteln keine oder nur eine schwach gelbliche Färbung, während sie sich bei gefärbtem Butterfett deutlich gelb färben. Im allgemeinen ist die Färbung der Butter nicht zu beanstanden, wenn es sich nämlich um die Verwendung unschädlicher Farbstoffe handelt und die Auffärbung nicht den Zweck hat, der Butter den Schein einer anderen mit besonderem Namen bezeichneten Beschaffenheit zu ertheilen.

Zur Untersuchung der Käse ist nicht mehr viel dem oben gesagten zuzufügen. Die Fehler des Käses erfordern eingehende Untersuchungen, die für die Consum-Vereine wenig Interesse haben, da sie sich mit deren Herstellung nicht befassen. Ueber Verfälschungen der Käse ist nur gelegentlich berichtet worden und zwar handelt es sich dabei ausschließlich um falsche Deklarationen, so z. B. wurde Magerkäse oder Halbfettkäse als Vollfettkäse bezeichnet oder es wurde Margarinekäse als Naturkäse verkauft. Die Untersuchungen hierüber werden in derselben Weise mit dem aus dem Käse gewonnenen Fette ausgeführt, wie wir es bei der Butter betrachtet haben.

Die Untersuchung der Margarine wird nach denselben Methoden ausgeführt, die wir bei der Butter kennen gelernt haben; von einer Verfälschung derselben kann wohl im eigentlichen Sinne nicht gut gesprochen werden, da die verschiedensten Fette zu deren Herstellung zur Anwendung gelangen. Nur wo direkt verdorbenes Fett zur Fabrikation verwendet worden ist, kann man diese Waare beanstanden.

Bezüglich der Prüfung auf Verdorbenheit gelten dieselben Vorschriften wie für Butter.

Das Margarinegesetz verlangt außerdem, daß zur Herstellung der Margarine nicht mehr als 100 Gewichtstheile Milch auf 100 Gewichtstheile Fett verwendet werden dürfen; der Nachweis hiervon ist aber garnicht so einfach und kann durch die Analyse die Verwendung der doppelten Menge Milch nicht leicht nachgewiesen werden. Außerdem verlangt das Gesetz, daß bei Herstellung der Margarine der Gehalt an Sesamöl durch folgendes Verfahren ermittelt wird: 0,5 ccm des geschmolzenen, klar filtrirten Margarinefetts werden mit 9,5 ccm Baumwollsamenöl, das nach dem unten stehenden Verfahren geprüft, mit Furfurol und Salzsäure keine Rothfärbung giebt, vermischt. Man prüft die Mischung nach demselben Verfahren nun ebenfalls auf Sesamöl. Hat die Margarine den vorgeschriebenen Gehalt an Sesamöl von der vorgeschriebenen Beschaffenheit, so muß die Sesamölreaktion noch deutlich eintreten. Es kann also jederzeit noch ein Gehalt von 5% Margarine in Butter nachgewiesen werden. Die vorher erwähnte Prüfung auf Sesamöl ist folgende:

Zuerst muß man sich überzeugen, daß in der Margarine oder Butter keine fremden Farbstoffe vorhanden sind, welche ähnliche Reaktionen mit Salzsäure hervorrufen. Zu diesem Zwecke werden ca. 2—3 g Butterfett in 5 ccm Aether gelöst und die Lösung in einem Probirröhrchen mit 5 ccm konzentrirter Salzsäure vom spec. Gewicht 1,125 kräftig geschüttelt. Bei Gegenwart gewisser Azofarbstoffe färbt sich die unten sich absetzende Salzsäureschicht deutlich roth.

Wenn keine Farbstoffe vorhanden sind, die sich mit Salzsäure roth färben, so werden 5 ccm geschmolzenes Fett mit 0,1 ccm einer alkoholischen Furfurollösung (1 Raumtheil farbloses Furfurol in 100 Raumtheilen absoluten Alkohol gelöst) und mit 10 ccm Salzsäure vom spec. Gewicht 1,19 mindestens ½ Minute lang kräftig geschüttelt. Wenn die am Boden sich abscheidende Salzsäure eine nicht alsbald verschwindende deutliche Rothfärbung zeigt, so ist die Gegenwart von Sesamöl nachgewiesen.

Wenn Farbstoffe vorhanden sind, die durch Salzsäure roth gefärbt werden, so schüttelt man 10 ccm des geschmolzenen Fettes in einem kleinen Scheidetrichter so lange mit neuen Mengen Salzsäure vom spec. Gewicht 1,125, bis die Rothfärbung nicht mehr eintritt und prüft 5 ccm des so behandelten Fettes nach dem vorher erwähnten Verfahren. Zu beobachten ist hierbei nur, daß man keine höhere Temperatur anwendet als eben zur Erhaltung des Fettes in geschmolzenem Zustande nothwendig ist.

Die Untersuchung von Schweineschmalz und Speiseölen erfolgt nach denselben Methoden, die von dem Bundesrath festgesetzt sind, wie wir bereits bei Butter erwähnt haben. Welche dieser Methoden für den speciellen Fall anzuwenden ist, muß jedesmal besonders entschieden werden nach dem Ergebniß der Vorprüfungen. Da die Verhältnisse hier nicht so einfach liegen wegen der vielen Fette, die zur Verfälschung dieser Waaren dienen, so können allgemeine Vorprüfungen für Laien hier nicht angegeben werden.

Es mag nur noch angegeben werden, daß bei Schweineschmalz eine Bestimmung des Wassers nur dann erforderlich ist, wenn beim Schmelzen des Schmalzes in einem Probirröhrchen bei Anwendung geringer Wärme (wie bei Butter beschrieben) sich dessen Gegenwart am unteren Ende des Probirröhrchens bemerkbar macht.

3. Mehl und Backwaaren.

Bei der Untersuchung des Mehles und der Backwaaren wird es sich größtentheils darum handeln, ob fremde, billigere Mehle zur Verfälschung herangezogen sind. Der Nachweis derselben kann allein durch die mikroskopische Untersuchung erfolgen. Sodann kann es sich um den Zusatz von mineralischen Beimengungen handeln, welche das Gewicht der Waaren erhöhen sollen. Allgemein kann man den Nachweis solcher Verfälschungen durch Bestimmung des Aschengehaltes erbringen. Obgleich der Zusatz von Mineralstoffen wohl nur noch selten zu beobachten ist, will ich doch eine leicht auszuführende Prüfung von Mehl auf Mineralstoff-Zusatz hier anführen. Man gießt in eine Probirröhre etwa bis zur Hälfte Chloroform hinein und schüttet hierauf eine kleine Menge ca. 3 g des fraglichen Mehles obenauf. Schon nach kurzer Zeit wird die Masse durchfeuchtet und man beobachtet, daß einzelne Theile sich zu Boden setzen, d. h. wenn eben Mineralstoffe dem Mehl künstlisch zugesetzt sind. Das Mehl selbst sowie die in demselben natürlich vorkommenden Mineralstoffe bleiben oben in dem oberen Theile des Chloroforms schwimmend.

Wir finden auch manchmal noch gewisse metallische Zusätze dem Mehl oder Brod zugesetzt, um dessen schlechte Beschaffenheit zu verdecken oder um ein besseres Aufgehen fehlerhafter Mehle zu erzielen; solche Stoffe sind z. B. Kupfersulfat, Zinksulfat und Alaun. Der Nachweis der ersteren kann allein erfolgen, nachdem die organischen Bestandtheile zerstört sind, durch chemische Operationen. Der Nachweis des letzteren geschieht im Mehl auf folgende Weise: Das Mehl wird in einem Röhrchen mit verdünntem Alkohol durchfeuchtet und darauf einige Tropfen einer frisch bereiteten Campecheholztinktur (5 g Campecheholz auf 100 ccm 96%igen Alkohols) zugefügt, tüchtig durchgeschüttelt und alsdann das Glas mit Kochsalzlösung aufgefüllt. Sobald nun die überstehende, klar gewordene Flüssigkeit eine violettrothe Färbung angenommen hat, ist 0,01 % Alaun, sobald die Färbung blau erscheint, ist der Gehalt mindestens 0,05—0,10 %.

Bezüglich der Beurtheilung des Mehles giebt einerseits die mikroskopische Untersuchung einigen Anhalt, andrerseits aber können verschiedene Prüfungen, wie die Kleberprobe bei Weizenmehl, die Backprobe, die Verkleisterungsprobe und andere, die mikroskopische Prüfung ergänzen. Diese Prüfungen sind für einen Geübten leicht auszuführen, sie erfordern aber ein nicht unwesentliches Material an Utensilien und Laboratoriumseinrichtungen, so daß dieselben nicht allgemein ausgeführt werden können.

Zu beanstanden sind alle Mehle, die einen Geruch nach Schimmel oder Moder besitzen, sowie solche welche durch Metalle oder Metallsalze verunreinigt sind; ebenso müssen alle Mehle ihren Bezeichnungen entsprechen und keine anderen Mehlfabrikate enthalten als durch ihre Benennung angedeutet wird.

Bei Beurtheilung des Brodes ist neben dem oben Angeführten nur noch zu berücksichtigen, daß normales Brod höchsten 45 % Wasser enthält.

Im Anschluß hieran möchte ich noch erwähnen, daß die zu Backwaaren verwendete Hefe oft durch Zusatz von Mehl oder Bierhefe verfälscht wird. Ein solcher Zusatz ist verboten, wenn die Waare als rein verkauft wurde. Der Zusatz von Stärke kann leicht nachgewiesen werden: Man vertheilt etwas Hefe in Wasser, giebt alsdann etwas Jodlösung hinzu und beobachtet, ob eine Blaufärbung der Masse eintritt. Wenn man die Prüfung im Probirröhrchen vorgenommen hat, muß sich bei Gegenwart von Stärkemehl am Boden eine blaue Schicht von gebildeter Jodstärke zu Boden setzen.

4. Gemüse und Fruchtdauerwaaren.

Die Waaren dieser Gruppe kommen durchweg im unzerkleinerten oder nur schwach zerkleinerten Zustande in den Handel, so daß man nach dem Aussehen allein gröbere Verfälschungen oder Unterschiebungen wahrnehmen kann. Die chemische Untersuchung wird sich allein auf die Ermittelung von Verunreinigungen und unerlaubten Zusätzen zu beschränken haben, da die Feststellung des Gehaltes zum Vergleich wohl niemals herangezogen wird. Man wird vielmehr immer den ungefähren Werth der entsprechenden frischen Gemüse auf dem Markte hierfür als Maßstab anlegen.

Bei allen Dauerwaaren ist als Konservirungsmittel nur statthaft: Essig, Kochsalz, Verwendung von Gewürzen, Zucker; außerdem kann noch das Trocknen oder das Einkochen und Sterilisiren zur Konservirung mit benutzt werden. Alle anderen Konservirungsmittel sind hierbei nicht statthaft, ebenso nicht die Verwendung von Saccharin. Die Untersuchung auf Konservirungsmittel und Saccharin ist nur nach vorhergehender Zerstörung der organischen Substanz oder Extraktion oder Destillation möglich; aus diesem Grunde kann dieselbe von Laien nicht ausgeübt werden.

Vielfach hat man beobachtet, daß Metalle in die Konserven hineingelangt sind, so z. B. Blei aus den Blechbüchsen, und zwar entweder durch mangelhafte der inneren Wandfläche oder durch unvorsichtiges Löthen, ferner Zink entweder als Verunreinigung durch die metallenen Unterlagen, auf denen die Konserven, gewöhnlich Aepfelschnitte, getrocknet werden, oder durch absichtlichen Zusatz als Beschwerungs- und Färbemittel; endlich findet man auch manchmal Kupfer- oder Nickelsalze in Anwendung um grünem Gemüse eine leuchtendere Färbung zu geben, so namentlich bei grünen Erbsen und sauren Gurken.

Der Nachweis dieser Metalle ist Sache eines Chemikers; nur die gröbere Färbung saurer Gurken mit Kupfersalzen kann auch ein Laie in einfacher Weise ermitteln: Zu diesem Zwecke wird nur in ein Glas etwas von der auf den Gurken stehenden Flüssigkeit abgegossen und in diese eine blanke Stricknadel eingetaucht. Wenn nach einiger Zeit, etwa $^1/_2$ Stunde, ein rother metallisch glänzender Ueberzug auf der Stricknadel entstanden ist, kann man auf die Gegenwart von Kupfersalzen schließen.

Bezüglich der Färbung von Dauerwaaren kann man nur sagen, daß gegen die Verwendung unschädlicher Farbstoffe kein Bedenken erhoben werden kann, sofern die Färbung nicht zu dem Zwecke erfolgt ist, verdorbener oder minderartiger Waare den Anschein einer guten Waare zu verleihen.

5. Gewürze.

Bei den Gewürzen wird die Untersuchung sich gewöhnlich nur auf diejenigen zu erstrecken haben, welche gemahlen in den Handel gelangen, indem bei den unzerkleinerten Gewürzen die Fälschung viel schwieriger und leichter zu bemerken ist. Trotzdem werden auch bei ganzen Gewürzen gelegentlich solche Fälschungen beobachtet.

Die Untersuchung der Gewürze wird vorwiegend durch das Mikroskop erfolgen, da gewöhnlich minderwerthige Abfälle von Holz und Rinden, Preßrückstände von Samen und Früchten, sowie Abfälle der Müllerei als Verfälschungsmittel angegeben werden und nur selten zur Anwendung von Mineralstoffen geschritten wird. Ebenso wird man durch die mikroskopische Untersuchung in der Lage sein zu beurtheilen, ob man es mit verdorbenen Waaren zu thun hat oder nicht.

Die Untersuchung auf Mineralstoffzusatz erfolgt durch Ermittelung des Aschegehaltes, der bei den einzelnen Gewürzen sehr schwankt — zwischen 3% bei Muskatblüthe, bis zu 15% bei Majoran —, aber für jedes einzelne Gewürz eine bestimmte Grenze hat, die man durch Untersuchung von Marktwaaren für jedes einzelne Gewürz bestimmt hat.

Um gröbere Verunreinigungen durch Mineralstoffe nachzuweisen, kann man die vorher bei Mehl erwähnte Vorprüfung mit Chloroform anwenden, indem auch hier die Gewürze im Chloroform schwimmen und sich nach oben absetzen, während die Mineralstoffe, welche absichtlich zugesetzt sind, am Boden des Glasröhrchens sich finden.

Bei manchen Gewürzen pflegt außerdem manchmal die Bestimmung des alkoholischen oder ätherischen Auszug oder die Bestimmung des Gehalts an ätherischem Oel vorgenommen zu werden, um zu entscheiden, ob die vorliegenden Gewürze ihren natürlichen Gehalt hiervon besitzen oder bereits ihres wesentlichen Bestandtheiles beraubt sind.

Die meisten Verfälschungen sind wohl beim Pfeffer beobachtet worden und werden hierzu eine große Anzahl verschiedener Abfälle verwerthet, so: Rapsmehl, Erdnußkleie, Mandelkleie, Leinsamenmehl, Palmkernmehl, Olivenkerne, Nußschalen und ähnliche Stoffe, die allein mikroskopisch ermittelt werden. Ein häufiges

Verfälschungsmittel sind außerdem bei schwarzem Pfeffer die Pfefferschalen, die bei der Fabrikation des weißen Pfeffers als Nebenprodukt abfallen; der Nachweis derselben kann auf chemischem Wege durch Ermittelung des Gehaltes an Stärke oder Piperin ermittelt werden, welche beide im Pfeffer in bedeutend größerer Menge als in den Schalen vorkommen.

Aehnlichen Verfälschungen wie der Pfeffer unterliegt auch der Piment oder Nelkenpfeffer.

Bei Zimmt kommen als hauptsächlichste Verfälschung vor, der Zusatz von Eisenocker, der durch die Chloroformprobe nachgewiesen werden kann und der Zusatz von entöltem Zimmt, Oelkuchenmehle, Sandelholz, Cigarrenkisten, Mehl, Zimmtmassa und ähnliche.

Es braucht wohl nicht besonders bemerkt zu werden, daß alle diese Verfälschungen nur bei gemahlener Waare vorkommen, zu der meistens auch nur die geringwerthigste Marke von Bruch-Zimmt verwendet zu werden pflegt.

Das Senfmehl pflegt nur seltener Verfälschungen ausgesetzt zu sein, unter denen Mehle von Preßrückständen anderer Oelsamen, mit Curcuma aufgefärbtes Mehl, Maismehl und andere gelbgefärbte Mehle erwähnt werden mögen.

Zum Nachweis der Verfälschungsmittel kann man außer der mikroskopischen Untersuchung, die Bestimmung der Stärke und des Senföles vortheilhaft verwenden.

Im Cardamom wird vorwiegend der Zusatz von Mehlen verschiedener Früchte und der Zusatz von Cardamomschalen zu beobachten sein.

Letzteren Zusatz kann man ungefähr auf folgende Art feststellen: Eine Probe der gemahlenen Waare wird in eine gläserne Probirröhre gebracht, mit Alkohol übergossen und darauf tüchtig durchgeschüttelt wird. Nach kurzem Stehen setzen sich dann verschiedene Schichten je nach ihrer Schwere ab. In der untersten wird man etwa zugesetzte Mineralstoffe beobachten, darauf dann die Bestandtheile der eigentlichen Samen des Cardamom und oben die leichten Schalen des Cardamom.

Durch Vergleich mit einem guten Cardamompulver, das in derselben Weise behandelt wird, kann man dann den ungefähren Gehalt an Schaalentheilen ermitteln.

Als Muscatblüthe oder Macis kommt die Bandamacis und die Papuamacis in Betracht, welche ihren Werth durch ihren Gehalt an ätherischem Oel haben; die sonst noch in den Handel kommende Bombaymacis hat mit de beiden vorgenannten eigentlich nur den Namen gemein und dient nur zur Verschlechterung der anderen Fabrikate, da in derselben ätherisches Oel nicht vorkommt.

Der Nachweis der Bombaymacis kann erbracht werden durch Bestimmung des Gehalts an Fett und Harz; namentlich das letztere kommt in der Bombaymacis in großer Menge (über 30%) vor, während in der echten Macis nur 5—6% hiervon gefunden werden.

Etwa anderweitig zur Verfälschung zugesetzte Stoffe wie: Maismehl, Muscatnußpulver, mit Curcuma gefärbtes Mehl, gestoßenes Brod und ähnliches, kann man durch die mikroskopische Untersuchung ermitteln.

Von den übrigen Gewürzen kommt hier nur noch der Safran in Betracht, da alle übrigen als ganze Samen in den Handel gelangen, bei denen, wie vorher erwähnt, nur eine etwaige Entziehung des ätherischen Oeles oder wenigstens eines Theiles desselben durch die chemische Untersuchung leicht festgestellt werden kann.

Beim Safran finden wir als Verfälschungen namentlich Blumenblätter von gelber Farbe, die entweder von anderen Crocusarten, der Ringelblume oder dem Saflor herrühren, die Griffel vom echten Safran, Sandelholz, aufgefärbte Stärke und manchmal auch richtiger Safran, der nach Entziehung des in ihm vorhandenen Farbstoffes, mit Theerfarben künstlich aufgefärbt. Neben diesen mikroskopisch nachzuweisenden Verfälschungen kommen auch mineralische Beschwerungsmittel vor, deren Feststellung durch Bestimmung der Asche erfolgt.

Eine Beschwerung des Safran durch Zuckerlösung, Oel, Glycerin oder ähnliche Substanzen sowie die Ermittelung zugesetzter Farbstoffe kann nur durch entsprechende chemische Reaktionen nachgewiesen werden, deren Aufführung hier unterbleiben kann, da sie zu viele Vorkenntnisse erfordert.

6. Zucker, Honig und künstliche Süßstoffe.

Bei Zucker und Zuckersyrup werden Verfälschungen nicht beobachtet; es wird sich für die Consumvereine daher höchstens um die Ermittelung des Zuckergehaltes bei diesen Stoffen handeln. Beschwerung mit Mineralstoffen, wie sie früher beobachtet worden sind, kommen schon seit Jahren nicht mehr vor. Die Färbung des Zuckers mit Ultramarin ist nur dann nicht zulässig, wenn ungeblauter Zucker oder Einmach-Zucker ausdrücklich verlangt wird. Die Bestimmung des Zuckergehaltes wird im ganzen Deutschen Reich einheitlich nach den durch die Ausführungsbestimmungen zum Zuckersteuergesetz vorgeschriebenen Methoden vorgenommen.

Bei den Zuckerwaaren, wie Bonbons, candirten Früchten, Konfekten und Cremes wird es sich niemals um die Ermittelung des Zuckergehaltes handeln, sondern man wird sich meist mit der Prüfung auf gesundheitsschädliche Farben und Metalle, der Ermittelung von mineralischen Beschwerungsmitteln und dem Nachweis von künstlichen Süßstoffen begnügen.

Der Honig wird vielfach verfälscht und zwar durch Zusatz verschiedener Zuckerarten; der Nachweis solcher Fälschungen ist häufig höchst schwierig und kann etwas näheres über die Methoden der Untersuchung hier nicht erwähnt werden.

Im Anhange hieran werde ich noch die künstlichen Süßstoffe anführen, nachdem ich schon mehrfach auf dieselben habe hinweisen müssen.

Nach dem Gesetz vom 6. Juli 1898 werden alle diejenigen Stoffe als künstliche Süßstoffe bezeichnet, welche eine höhere Süßkraft als raffinirter Rohr- und Rübenzucker haben, auf künstlichem Wege gewonnen sind, aber keinen entsprechenden Nährwerth besitzen. Es ist verboten, die künstlichen Süßstoffe bei der gewerbsmäßigen Herstellung von Bier, Wein oder weinähnlichen Getränken, von Fruchtsäften, Konserven und Liqueuren sowie von Zucker- oder Stärkesyrupen zu verwenden und Nahrungsmittel der gedachten Art, d. h. welchen künstliche Süßstoffe zugesetzt sind, zu verkaufen oder feil zu halten. Die unter Verwendung von künstlichen Süßstoffen hergestellten Nahrungs- und Genußmittel, welche oben nicht genannt sind, dürfen nur unter einer diese Verwendung erkennbar machenden Bezeichnung verkauft oder feil gehalten werden.

Der Nachweis derselben in den bisher betrachteten Nahrungsmitteln geschieht in der Weise, daß man die mit wenig Phosphorsäure versetzten Nahrungsmittel wiederholt mit Aether oder Benzin ausschüttelt, die ätherische Lösung vorsichtig abgießt und verdunsten läßt. Der nach dem Verdunsten des Lösungsmittels bleibende Rückstand enthält das Saccharin, das nun an dem stark süßen Geschmack erkannt werden kann.

Zu den künstlichen Süßstoffen gehören alle die unter dem Namen Saccharin, Zuckerin, Krystallose, Monnet's Süßstoff, Sykorin, Sykose, Dalcin u. s. w. in den Handel gebrachten Stoffe, welche sich bestimmt von allen Zuckerarten eben durch ihre Löslichkeit in Aether unterscheiden, während von allen Zuckerarten nicht einmal Spuren in denselben übergehen.

7. Fruchtsäfte und Marmeladen.

Die Untersuchung derselben wird sich im Wesentlichen darauf zu beschränken haben, 1. ob Konservirungsmittel, 2. ob gesundheitsschädliche Farben und 3. ob künstliche Süßstoffe bei der Herstellung dieser Waaren verwendet worden sind.

Zur Herstellung der als rein bezeichneten Fruchtsäfte dürfen Zusätze von organischen Säuren sowohl wie Stärkezucker und künstliche Aromas nicht verwendet werden. Ob die Verwendung von Farbstoffen statthaft ist oder nicht, darüber ist in letzter Zeit vielfach gestritten worden. Auf keinen Fall ist dieselbe statthaft in sämmtlichen Säften die zu Arzneimitteln verwendet werden, da die Pharmacopoe ausdrücklich die Verwendung ausschließt. Da wir aber bei anderen Nahrungsmitteln, wie z. B. den Zuckerwaaren, die Verwendung gesundheitsunschädlicher Farbstoffe zulassen, liegt eigentlich kein Bedenken vor, dieselben unschädlichen Farbstoffe zur Verwendung bei Fruchtsäften zu verbieten. Nur dann wird der Zusatz von Farbstoff als eine Fälschung zu bestrafen sein, wenn ein Fruchtsaft, der verdorben war oder durch starken Wasserzusatz stark verdünnt ist, durch Hülfe des Farbstoffes den Schein einer besseren Qualität erhalten soll.

Zur Verwendung für Brauselimonaden halte ich den Zusatz von künstlichem Farbstoff geradezu für nothwendig, weil z. B. der natürliche Farbstoff der Himbeeren sich in den hergestellten Limonaden so verändert, daß dieselben direkt unappetitlich aussehen; die meisten Menschen werden sicherlich eine mit künstlichem Farbstoff versetzte Limonade mit größerem Behagen trinken als eine solche mit reinem Himbeersaft hergestellte von zweifelhafter Farbe.

Ueber die Verwendung von Gelatine und ähnlichen Präparaten zur Herstellung von Gelées möchte ich nur noch anführen, daß diese bei allen Fruchtgelées, die mit Zucker allein bereits gallertartig werden, nicht als statthaft anerkannt werden kann, weil sie dann wohl meistens nur zur Verlängerung der Gelées, also zu einer Verschlechterung der Waare dienen sollen.

8. Bier.

Das Bier hat seinen hauptsächlichsten Werth durch die Extraktstoffe, welche aus dem Malze herstammen; nach dem steigenden Gehalte an Extrakt, mit dem gewöhnlich die Steigerung des Alkoholgehaltes Hand in Hand geht, werden die Biere in Halb-,

Tafel-, Schank-, Lager-, Export- und Bockbiere, Ale und Porter eingetheilt. Zur Beurtheilung eines Bieres kommt es daher vorwiegend auf die Bestimmung des Extraktes an, der durch Berechnung aus dem spezifischen Gewicht des von Alkohol befreiten Bieres ermittelt zu werden pflegt; daneben muß allerdings noch der Gehalt an Mineralstoffen und Alkohol in Betracht gezogen werden. Aus dem Verhältniß zwischen Mineralstoffen und Extrakt wird nämlich ermittelt, ob der Extrakt allein aus dem Malz herstammt oder ob Surrogate zur Bereitung des Bieres verwendet sind; aus dem Verhältniß zwischen Alkohol und Extrakt wird durch Berechnung die Stammwürze, von der das Bier eingebraut wurde und außerdem noch der Vergährungsgrad, durch den man ersieht, ob die Gährung gut verlaufen ist, ermittelt.

Alle Zusätze von Chemikalien, welche den Zweck haben, Fehler des Bieres zu verdecken oder als Surrogate für Hopfen zu dienen, sind verwerflich und müssen als Fälschungen bezeichnet werden. Ebenso sind Zusätze wie Glycerin, künstliche Süßstoffe, Süßholz und ähnliche zu beanstanden, da sie keinen Nährwerth besitzen und nur auf die Täuschung des Publikums über die Vollmundigkeit des Bieres berechnet sind. Ueber den Nachweis dieser Chemikalien und Konservirungsmittel, sowie des Saccharin gilt das an anderen Stellen gesagte.

Hervorgehoben muß noch werden, daß man sein Augenmerk vornehmlich auf die sogenannten Malzbiere zu richten hat, von denen viele ganz allein durch Zuckercouleur und einige schwer vergährbare Zuckerarten den Anschein guter extraktreicher Biere erhalten haben, ohne auch nur einen höheren Nährwerth als die Einfach- oder Halbbiere zu besitzen. Da diese Malzbiere vorwiegend zur Kräftigung benutzt werden, ist eine solche Täuschung schwerer zu beurtheilen als andere Fälschungen.

9. Wein.

Die Untersuchung des Weines auf seine Bestandtheile sowohl wie auf etwaige Verunreinigungen und Konservirungsmittel hat genau nach den Vorschriften für die Untersuchung des Weines, welche vom Bundesrath am 25. Juni 1896 erlassen sind, zu geschehen; es sind für diesen Zweck sogar besondere geaichte Meßgefäße vorgeschrieben und wird deren Anwendung für alle im Auftrage von Behörden auszuführende Untersuchungen angeordnet. Man wird daher auch für die Aufträge von Privaten diese als Grundlage annehmen müssen, da gerade bei Wein die größte Mehrzahl der Untersuchungen den Zweck hat zu ermitteln, ob die Weine den Anforderungen des Weingesetzes entsprechen.

Hierzu genügt meistens die Bestimmung des Extraktes, der flüchtigen und nichtflüchtigen Säuren, der Mineralstoffe sowie des Alkohols und Glycerins, daneben kann auch oft noch die Bestimmung der freien Weinsteinsäure und der Schwefelsäure (in Rothweinen) nothwendig werden. In Süßweinen kommt dann noch die Bestimmung des Zuckers oder der verschiedenen Zuckerarten hinzu.

Neben diesen normalen Bestandtheilen kann dann noch die Bestimmung von Verunreinigungen durch Metalle und von Konservirungsmitteln in Frage kommen. Aus allen diesen Zahlen kann man die Frage beantworten, ob ein Wein dem Gesetze entspricht, man kann auch bei Weinen besondere Jahrgänge und bestimmte Ursprungsgebiete sagen, daß dieselben rein sind, aber man wird niemals in der Lage sein, nach der Analyse angeben zu können, von welchem genauen Ursprung oder Jahrgang ein nur durch diese Analyse charakterisirter Wein herstammt. Ein geübter Weinkenner wird viel eher hierzu in der Lage sein und so wird die chemische Analyse solche Fachleute immer nur unterstützen aber nie ersetzen können.

10. Branntwein.

Auch bei den edleren Branntweinen, wie z. B. Cognac kann man annehmen, daß ein verständiger Fachmann gewöhnlich ein sicheres Urtheil abgeben wird, als jemals durch die Untersuchung des Branntweins erzielt werden kann. Trotzdem trägt die chemische Untersuchung doch viel zur Unterstützung eines solchen Urtheils bei; sie wird aber, wie auch oben bei Wein und Bier erwähnt, allein in Betracht kommen, um etwaige Verunreinigungen durch Metallsalze, schädliche Farben und Aehnliches nachzuweisen. Von reinen Branntweinen verlangt man, daß sie außer den oben genannten Stoffen auch noch frei sind von größeren Mengen von Fuselöl, Mineralsäuren, die manchmal zur Verschärfung verwendet werden sollen, scharf schmeckenden Pflanzenstoffen, künstlichen Süßstoffen und Bitterstoffen. Die Gegenwart der oben genannten Stoffe kann gewöhnlich schon durch den Geschmack ermittelt werden, nachdem eine Probe des Branntweins durch Erhitzen in einer Porzellanschaale vom Alkohol befreit ist; selbstverständlich werden hierbei bei süßen Likören die großen Mengen Zucker hinderlich sein und kann die erwähnte Vorprüfung nur bei zuckerfreien Branntweinen zu einem Erfolge führen.

Außer dem Nachweis der oben genannten Stoffe kann es bisweilen auch noch auf die Ermittelung anderer Stoffe ankommen, wie z. B. des Alkohols, des Extraktes, des Zuckers, der Mineralstoffe und einiger anderer Stoffe, die eben von der Natur des betreffenden Untersuchungsobjektes sowie des Zweckes der Untersuchung abhängen.

11. Essig.

An den Essig stellt man ähnliche Anforderungen wie an die Getränke, aus denen er gewöhnlich hergestellt wird. Man wird daher verlangen, daß in demselben schädliche Metalle, freie Mineralsäuren, Phenole und Kreosote, Konservirungsmittel und scharf schmeckende Stoffe nicht enthalten sind. Außerdem muß man vom Essig verlangen, daß er klar ist und mindestens 3% Essigsäure enthält. Essig welcher einen besonderen Namen hat, wie z. B. Weinessig, darf natürlich auch nur hieraus dargestellt werden und keinen Zusatz von künstlichen oder anderen natürlichen Essigarten erhalten.

Zur Bestimmung der Abstammung kommt wesentlich die Bestimmung des Extraktes sowie der Mineralstoffe in Betracht.

Von Laien können folgende Prüfungen ausgeführt werden:

Prüfung auf freie Mineralsäuren. Man versetzt etwas verdünnten Essig (halb Essig und halb Wasser) mit 4—5 Tropfen Methylviolettlösung in einem Probirröhrchen und beobachtet, ob die Farbe sich ändert. Sobald Blau- oder Grünfärbung eintritt, kann man mit Sicherheit annehmen, daß freie Mineralsäuren im Essig vorhanden sind.

Prüfung auf Gehalt. Dieselbe kann nur bei ungefärbten oder schwach gefärbten Essigproben vorgenommen werden! Man entnimmt mit einer Pipette 10 ccm Essig, giebt sie in eine Porzellanschaale, fügt einige Tropfen einer alkoholischen Phenolphtaleïnlösung hinzu und läßt dann aus einer Bürette oder Pipette langsam, zuletzt tropfenweise, Normalnatronlauge hinzufließen, bis die Anfangs verschwindende Rothfärbung bei Einfallen der Tropfen einer bleibenden schwachen Rothfärbung der ganzen Flüssigkeit Platz macht. Während des Zufließens der Normallauge rührt man die Flüssigkeit beständig mit einem Glasstab.

1 ccm Normallauge entspricht bei der angewendeten Menge von 10 ccm Essig genau 0,6% Essigsäure.

12. Kaffee.

Bei Kaffee, der doch fast ausschließlich in ganzen Bohnen in den Handel kommt, dürfte eigentlich allein die Untersuchung auf künstlich zugesetzte Farbstoffe in Betracht kommen. Gemahlener Kaffee kann gelegentlich auch mit Surrogaten verfälscht in den Handel gelangen, deren Nachweis durch die mikroskopische Untersuchung erbracht werden kann.

13. Thee.

Die Verfälschung des Thees ist sehr mannigfach. Vorwiegend kommen hier in Betracht die Blätter von Pflanzen, die den Theeblättern ähnlich sehen. Es sind beobachtet: Weidenblätter, Rosenblätter, Weidenröschenblätter, Schlehenblätter und andere mehr. Der Nachweis derselben geschieht durch mikroskopische Untersuchung. Außerdem kommen manchmal Beschwerungsmittel durch Mineralstoffe vor, deren Nachweis durch Aschebestimmung leicht ermittelt werden kann. Da beobachtet ist, daß ausgelaugter Thee, nach dem Trocknen, zur Verfälschung verwendet wird, kann eine Bestimmung der in Wasser löslichen Stoffe oder auch eine Bestimmung der Gerbsäure oder des Theïns zur Entscheidung dieser Frage herangezogen werden. Bei gutem grünen Thee beträgt der wässerige Auszug ca. 30%, bei schwarzem Thee ca. 25%. Diese Bestimmung kann in der Weise ausgeführt werden, daß eine abgewogene Menge Thee mit heißem Wasser und zwar wiederholt ausgelaugt, alsdann an der Luft getrocknet und wieder gewogen wird. Die Gewichtsdifferenz stellt dann den Gehalt an wasserlöslichen Stoffen dar.

14. Cacao und Chokolade.

Die Chokolade wird aus dem Cacao hergestellt durch Mischen derselben mit Zucker und gewissen Gewürzen. Für die Untersuchung der Chokolade werden daher die bei Cacao zu besprechenden Untersuchungsverfahren ebenfalls Anwendung finden.

Von einem Cacao verlangt man, daß er nur die Stoffe enthält, welche auch in der Cacaobohne vorkommen, und daß Stoffe, welche darin nicht vorkommen nur in so weit vorkommen dürfen, als sie bei der Präparation des Cacao nothwendig sind. Der Zusatz der bei der Gewinnung des Cacao abfallenden Cacaoschaalen wird als eine Fälschung betrachtet.

Meistens wird es sich bei Cacao und Chokolade wohl nur um die Ermittelung der Mineralstoffe durch Aschebestimmung und des Nachweises von etwa zugesetztem Stärkemehl und der vorher erwähnten Cacaoschaalen handeln; eine Bestimmung des Fettes wird noch hinzutreten, wenn es sich um Entscheidung der Frage handelt, ob der Cacao entölt ist oder nicht.

Der Nachweis von zugesetztem Stärkemehl geschieht in folgender Weise:

Eine Probe der zu untersuchenden Waare wird mit Wasser angerührt, in eine Probirröhre gebracht und zum Sieden erhitzt; alsdann wird schnell durch ein geeignetes Filter filtrirt und das klare Filtrat nach dem Abkühlen mit einer Lösung von Jod in Jodkalium versetzt. Eine eintretende Blaufärbung weist auf zugesetztes Stärkemehl hin, da die Stärke im Cacao bei diesem Verfahren nicht verkleistert und daher auch nicht in Lösung gebracht wird.

Hierbei mag noch erwähnt werden, daß die billigen Chokoladen des Handels mit Stärkemehlzusatz hergestellt werden; es ist hiergegen nichts einzuwenden, nur muß solche Chokolade ausdrücklich als „mit Zusatz von Stärkemehl hergestellt“ bezeichnet sein. Der Verkauf von mit Stärkemehl hergestellter Chokolade **ohne diese** Bezeichnung wird als Nahrungsmittelfälschung betrachtet. Der Zusatz von zugesetzten Cacaoschalen kann mikroskopisch erfolgen; man kann aber auch in der bei Cardamom beschriebenen Weise vorgehen und wird sicher mit Schaalen versetzten Cacao herauszufinden in der Lage sein.

17. Wasser.

Das Wasser darf an dieser Stelle nicht übersehen werden, da es vielfach zur Fabrikation von anderen Nahrungs- und Genußmitteln verwendet wird, so namentlich zur Fabrikation der Selterwasser und Limonaden.

Ein gutes Wasser muß allen Anforderungen entsprechen, welche man an ein Trinkwasser stellt; abgesehen von dem chemischen Gehalt muß es klar sein und sich selbst nach längerem Stehen nicht trüben.

Durch die chemische Untersuchung muß ermittelt werden, ob Verunreinigungen durch Haushaltungs- oder andere Abwässer vorliegen und ob eventuell schädliche Metalle, meist aus den Rohrleitungen herrührend, in dasselbe gelangt sind.

Sobald das Wasser nach 24 stündigem Stehen ein Bodensatz zeigt, ist die mikroskopische Untersuchung desselben nothwendig und häufig von großem Vortheil für die Frage nach der Verunreinigung des Wassers.

Im Vorstehenden habe ich einen kurzen Ueberblick über die Untersuchung der Nahrungs- und Genußmittel gegeben, aus welchem die wichtigsten Untersuchungsmethoden zu ersehen sind. Zugleich sind die bemerkenswerthesten Verfälschungen und Verunreinigungen angegeben, sowie die Methoden, nach denen dieselben nachgewiesen werden können. Vielleicht kann aus diesen Ausführungen der Werth der chemischen Untersuchung besser beurtheilt und eine genauere Angabe über den Zweck der Untersuchung oder eine Angabe, auf die Ermittelung welcher Bestandtheile die Untersuchung sich zu erstrecken hat, gemacht werden, damit die für die gedachte Ermittelung maßgebenden Prüfungen allein ausgeführt werden. Die Preise der Untersuchungen, über deren Höhe häufig geklagt wird, würden dann der geringeren Arbeit entsprechend auch niedriger ausfallen. Auf diese Weise könnte dann der eigentliche Zweck der chemischen Untersuchungen, — der Schutz aller Mitglieder der Consumvereine vor verfälschten und verunreinigten minderwerthigen Waaren — erreicht werden.

Herrosé & Ziemsen, Wittenberg.

FSC
www.fsc.org
MIX
Papier | Fördert
gute Waldnutzung
FSC® C083411

Kolibri 360 GmbH
Ferdinand-Jühlke-Straße 7
99095 Erfurt, Deutschland
produktsicherheit@kolibri360.de